LR 7 3425.

AUX LAONNOIS.

SUR LA DESTRUCTION

DE LA

TOUR DU BOURG,

DITE

DE LOUIS-D'OUTRE-MER,

PAR L.-J.-A. AMAND-D'AMBRAINE,

D.-M.

Les Monumens historiques sont une partie intégrante de la patrie ; ce sont les tombes dans lesquelles reposent les siècles passés d'une nation. P. 11.
La Tour du Bourg est un Monument de l'Histoire nationale, qui appartient à la France entière, et dont la France entière réclame la conservation. P. 15.

A LAON,

Chez LECOINTE, Libraire, rue Châtelaine, n° 34.

Lion. VARLET-BERLEUX, imprimeur.

SUR LA DESTRUCTION

DE LA

TOUR DU BOURG,

DITE

DE LOUIS-D'OUTRE-MER.

Traversant le soir, voilà quelques jours, la place du Bourg, il m'a semblé y apercevoir quelques travaux commencés au dedans d'une palissade, demi circulaire destinée probablement à empêcher les passans d'approcher de la Tour.

Je n'avais entendu parler de rien, et une idée de déstruction ne se serait jamais offerte d'elle-même à mon esprit. Une pensée bien différente vint donc sur-le champ sourire à mon imagination : à merveille, me dis-je ; après le siècle des théories arrive celui des applications, la progression est naturelle ; on a assez parlé philantropie, il est temps de panser aux actes. Vivent les lumières et le siècle où nous vivons ; le genre humain est en marche. On va utiliser la position admirable, unique peut-être de cette Tour, établir là haut un observatoire, un guet ; à la moindre étincelle paraissant à l'horison, les pompes placées dans le bas de la Tour, courront dans les campagnes préserver les produits des moissons, les ressources du pays. . . . . arrêtez, me dit quelqu'un que je rencontrai dans le moment et à qui je fis part de ces pensées : on va faire mieux que tout cela ; on va démolir cette masse inutile de pierres ; la place sera agrandie, les ouvriers qui manquaient d'ouvrage seront long-temps occupés ; des matériaux, on fera des constructions *d'un meilleur goût*. . . . . . dont manque notre ville, et. . . . . comment, repris-je, en l'interrompant, détruire, toujours détruire ! des ruines, toujours des ruines !..... et là-dessus je le quittai brusquement et m'enfuis en gémissant.

Quoi, me disais-je avec douleur, cette ville ma patrie adoptive, où les lettres ont toujours été en honneur, dispute au temps la destruction du seul monument ancien et historique qu'elle possède !...

Quoi, les ouvriers inoccupés ne pourraient être employés d'une manière plus profitable pour le pays qu'à ce sacrilège travail ? se pourrait-il que sur ce point l'habileté de nos administrateurs se trouvât en défaut ! Elle n'a, ce me semble, que l'embarras du choix entre mille travaux, mille améliorations matérielles que réclame l'état du pays.

Vous n'avez donc, m'écriais-je, de pouvoir que pour détruire ; jamais pour conserver ! bientôt, en effet, près de vous, sous vos yeux, un temple superbe va tomber en ruines.

Hé, pensez-vous que le contribuable du dehors et du dedans, surchargé dans cette année de détresse, et dans le coffre duquel vous puisez pour détruire, ne murmurera pas, ne murmure pas déjà ? Ah, dira-t-il, si cet argent mieux employé allait rendre praticables ces chemins dans lesquels on circule si péniblement pour approvisionner vos marchés et faire fructifier vos octrois, rapportant ainsi, pour l'un, économie de temps et de moyens de transport ; pour l'autre, abondance de toutes choses et économie d'argent, il vous en saurait gré et ne pourrait qu'applaudir à une sage et philantropique combinaison, qui, rendant la vie à des bras desséchés par le besoin, la rendrait en même temps aux communications si difficiles en ce pays, et viendrait augmenter les moyens d'aisance et de prospérité générale.

Laonnois, tous les amis des lettres et de leur pays, de sa gloire historique, de son illustration ancienne et moderne........ de son honneur protestent et protesteront à jamais contre l'acte de vandalisme dont vous vous rendez coupables, dont nous avons le malheur d'être les témoins.

Prenez-y garde ! tout ce qu'il y a d'hommes éclairés en France, veut de la liberté, mais de celle qui est amie des lettres et des arts, des productions du génie et des monumens, de la liberté de la civilisation enfin; non de la liberté des sauvages !

Insensés que nous sommes, nous allons ridiculement nous extasier dans des pays lointains à la vue de quelques restes dégradés et informes qui n'ont aucune affinité avec nous, dont l'origine nous est complètement étrangère, et nous détruisons chez nous ce qui vaut mieux, nous détruisons ce qui se lie étroitement à notre origine, à notre gloire ancienne, à nos affections paternelles et nationales.

Vous traversez les mers pour visiter les ruines de Lyrnesse et de Thèbes; vous allez demander des inspirations aux tombeaux des Palmyréniens ; vous allez méditer, vous attendrir, laisser tomber une larme peut-être, sur les colonnes brisées du temple d'Héliopolis, ou du palais de Memnon. . . . . et votre cœur froid et insensible, votre imagination muette, votre mémoire éteinte ou absente, ne vous disent, ne vous racontent rien auprès des cendres et des monumens de vos aïeux.

Inexplicable bizarrerie, déplorables progrès de cette espèce humaine douée de perfectibilité, et qui marche à grands pas, dit-on, vers la perfection !

Vous achetez chèrement des marbres rompus et mutilés pour éclaircir, à force de temps et de patience, quelque passage encore incertain de l'histoire de Miltiade, de Numa ou de Nectanébo : vous transportez à grands frais, des bords du Nil dans votre capitale, un obélisque d'une nation, d'une époque, d'une histoire qui vous sont inconnues et étrangères, dont vos savans ne pourront peut-être même déchiffrer les mystérieuses inscriptions; et vous bondissez avec la rage de la destruction sur des ruines nationales sacrées; vous anéantissez le peu de richesses monumentales et instructives que l'antiquité française nous a léguées !

Ainsi, pour qu'un monument ait du prix à vos yeux, il faut qu'il soit au moins grec ou romain. Ainsi, vous respecterez, et je suis loin de vous blâmer, les restes de l'amphithéâtre de Nismes, ou bien du pont du Gard, mais vous détruirez sans regret, sans remords le dernier reste du vieux Burg (prononcez Bourg), dont le nom seul raconte l'origine et l'histoire ! Ainsi, pour vous l'antiquité franke n'est rien !

Et nous osons bien traiter de barbare le musulman qui a crénelé l'Acropolis et le Parthénion pour s'en faire un boulevard, pour les faire servir à la défense du pays que le sabre de son prophète lui a donné, d'une terre devenue sacrée pour lui parce qu'elle couvre les ossemens de ses pères !

Les Perses et les Grecs, les Romains et les Arabes, les Mameluks et tous les barbares du monde ont respecté les pyramides égyptiennes : et les pyramides égyptiennes n'étaient pas les monumens de leurs aïeux !

Sans doute, un secret délire vous pousse malgré vous à renverser cette pyramide française dont notre cité Laonnoise doit s'énorgueillir, dont elle doit être à perpétuité la gardienne fidèle.

Un historien viendra qui flétrira le nom et la mémoire des auteurs de cette œuvre de vandalisme, et qui poursuivra de ses sarcasmes amers ceux qui, après avoir détruit l'antique monument qu'ils possédaient, iront à Athènes ou à Alexandrie gémir sur des tronçons de colonnes mutilés par la main du temps ou de la barbarie.

Avant trente ans, la jeunesse étudiera notre histoire ; et les livres placés entre ses mains lui auront appris à maudire mille fois les auteurs de cette dévastation antinationale ; et les pages brûlantes de quelque historien patriote auront desséché de regrets le cœur de ceux qui l'auront ordonnée et de ceux qui l'auront soufferte.

Ah ! si les Grecs de nos jours, ces aspirans à une nouvelle civilisation, voulaient aussi, dans un accès d'aveuglement, abattre les derniers restes aujourd'hui informes du Parthénion, pour agrandir ou démasquer une place, vous les appeleriez impies et sacrilèges ! Pour vous la critique n'aurait pas assez de fiel, la satyre assez de fouets vengeurs pour les châtier de cette action digne de leurs barbares oppresseurs.

Hé bien, tout ce qui sent couler dans ses veines du

sang généreux, du sang français, frémit et s'indigne aux coups redoublés de votre marteau sacrilège et destructeur, le vrai français, celui dont le cœur brûle pour sa patrie, interroge de ses yeux inquiets tous les objets qui l'environnent, pour s'assurer si elle n'est pas tombée, s'il n'a pas baissé lui même sa tête altière sous le joug honteux de l'étranger tant de fois humilié, ou de quelqu'ennemi barbare, jaloux d'effacer toutes les traces de notre vieille existence politique.

Un conquérant irrité nous imposerait-il en effet une plus dure loi que celle d'arracher, de nos propres mains, les pierres du dernier monument de nos glorieux ancêtres, toujours dominateurs et jamais subjugués? Que celle, ai-je presque dit, d'en jeter les cendres au vent?

Ainsi toujours les mêmes, les Français dédaignent tout ce qui est chez eux, et à eux, tout ce qui leur appartient, et courent admirer chez les autres nations ce qui souvent vaut cent fois moins, leur empruntant, leur rachetant même leur propre bien. Ne semble-t-il pas que les productions de notre génie national aient besoin, pour être de bon aloi et avoir cours, de l'approbation des autres peuples? Et notre juste orgueil ne s'offense pas d'une telle manière d'agir!

Ainsi nous traitons avec la plus coupable insouciance, que dis-je, avec insouciance! Nous traitons sans respect, nous détruisons sans remords ce que nous possédons de plus riche de souvenirs, de plus digne de nos méditations! Quelle cause donc de ce vertige d'obscurantisme, de ce délire destructeur? Car je ne vous ferai pas l'injure, moi, de vous supposer un motif petit et ridicule. Non, je ne vous prêterai pas le pitoyable motif de ne vouloir abattre cet édifice, que parce qu'il a été élevé par la main des rois. Le temps des illusions est passé pour toujours, et la sentence du plus grand publiciste du monde est désormais gravée dans la *mémoire* et la raison de tous les Français : « on ne fait pas de république avec une vieille monarchie. »

Ah! pourquoi cet assemblage de tant de brillantes qualités nationales et de ces taches qui les ternissent?

Ainsi, tantôt il ne restera sur le sol français, rien qui atteste cette longue série d'aïeux de la grande nation; rien qui atteste l'antiquité française? Ainsi, bientôt la mémoire de nos pères ne vivra plus qu'à peine dans quelques débris de nos anciennes archives, dans ce peu qui a échappé à la fureur de la grande tempête révolutionnaire. Rien de matériel et de palpable sur le sol qu'ils ont pour nous arrosé de leur sang, qu'ils nous ont transmis, rien de ce qu'ils ont élevé comme pour parler encore après cent générations, aux yeux, à l'esprit et au cœur de leurs derniers descendans, aucun vestige enfin, tant nous sommes soigneux de tout détruire, ne rappellera leur antique existence.

Ah! que cette nation, votre rivale de gloire et de grandeur, a bien un autre orgueil! Que les racines de ses affections nationales sont bien autrement fortes et profondes! Aussi, cette passion persévérante avec laquelle, dans les grands périls politiques, elle se devoue et s'oublie pour le salut de son pays, cette terre classique du patriotisme, lui promet-t-elle encore des siècles de grandeur et de prospérité.

Génération d'aujourd'hui, voudriez-vous effacer les âges qui vous ont précédés, pour devenir une nation d'hier, dont la nationalité ne fut pas encore prescrite? Ou dans votre déplorable aveuglement obéissez-vous à la secrète impulsion d'un génie ennemi de la fortune de la France, et voulez vous venger vous mêmes tant de nations vaincues et humiliées par les armes de vos ancêtres et par les vôtres?

Le siècle de la liberté deviendrait-il enfin l'aurore d'un siècle rétrograde, et cet attentat qui vient attrister tous les cœurs français, serait-il partie d'un cercle nécessaire de catastrophes et de ruines, par lesquelles la civilisation serait ramenée à la barbarie?

Les prophéties philosophiques du plus profond penseur du 18.ᵉ siècle devraient elles s'accomplir, et toutes nos cités être un jour possédées par ces Scythes du nord-est, pour qui l'antique pays de France deviendrait une terre nouvelle? Une aveugle fatalité vous rendrait elle enfin à votre insu leurs précurseurs dans la destruction de tout ce qui peut faire foi de la nationalité française?

Veuille le ciel détourner de nous ces sinistres présages, et garantir à jamais le nom, l'indépendance et l'intégrité de la patrie.

Mais ne savez vous pas que cette tour est déjà la haute antiquité pour la nation française, et qu'en l'égalant au sol vous déchirez en aveugles une grande page de notre histoire ancienne? Ne savez vous pas que cette tour est un des anneaux de la chaîne monumentale qui lie les temps de gloire des Franks et des Français?

Arrêtez, concitoyens, ne vous couvrez pas d'un opprobre ineffaçable aux yeux du monde et de la postérité. Ne consommez pas une œuvre anti nationale. Loin de vous cet accès d'irréligion envers la patrie, d'impiété envers vos pères, d'hérésie en civilisation; loin de vous cet affligeant anachronisme, cette sorte d'évocation des souvenirs d'une époque sur laquelle il faut jeter un voile funèbre. Ce quart d'heure d'aveuglement et d'oubli va se dissiper : un secret pressentiment me l'annonce. Non, vous ne briserez pas vos archives vivantes, ces livres toujours ouverts pour les yeux de toutes les générations ! Vous êtes Français, je veux dire aimant avec passion la patrie, et vous cesserez de la déchirer, car les monumens historiques sont une partie intégrante de la patrie ; ce sont les tombes dans lesquelles reposent les siècles passés d'une nation.

Que l'étranger voyageur visitant la vieille France, ne cherche pas en vain sur cette place, frappé d'un nom qui réveillerait ses souvenirs historiques, ne cherche pas en vain, dis-je, les restes du monument qui, en tombant, n'aurait pu lui enlever son nom.

Que l'étranger ne dise pas, je vous en conjure, que, chez nous, chaque nouvelle ère politique doit un tribut au vandalisme profanateur des tombes ou des monumens. Qu'il ne dise pas que chez nous, la civilisation paie du deuil des lettres et d'un pas rétrograde, chaque révolution du pays en faveur de la liberté. Qu'il cesse de croire que chez nous la destruction fait partie obligée du cortège de la liberté, en est inséparable ; que semblables à ces essaims de barbares sortis autrefois des déserts de la Tartarie, vastes incendies destructeurs qui ne laissaient que des cendres derrière eux, nous ne pouvons faire un pas en avant, en civilisation, en liberté, sans tout détruire derrière nous.

Que nos savantes cités, que tous nos compatriotes ne se demandent pas avec étonnement si le génie des lettres et des arts a si peu d'autels parmi nous, que les monumens des siècles et de l'histoire y soient sans respect et sans honneur.

Mais prouvons aux nations étrangères, au monde entier, qui ont les yeux sur nous, que nous pouvons respirer dans l'athmosphère de la liberté, qu'elle ne trouble pas nos sens et ne pervertit pas notre raison.

N'est il pas temps en effet de forcer les autres peuples à prendre de nos mœurs actuelles formées à l'école des plus grands évènemens, l'opinion qu'ils doivent en avoir?

Que l'étranger cesse donc enfin de penser et de dire que les Français ne prennent soin de rien, ne savent rien conserver, ne sont dignes de rien posséder.

Soyons justes, nous sommes trop grands pour ne pas l'être, envers les Grecs et les Romains, envers toutes les nations anciennes et modernes, mais ne soyons pas injustes envers nos aïeux ni envers nous mêmes. Etudions, apprenons à connaître aussi notre histoire.

Venez avec moi, au pied de cette Tour antique, évoquer la cendre de vos pères qui se soulève contre un sacrilège attentat; venez interroger les poudreuses archives qu'ils vous ont léguées, et en secouer la gloire.

Cette Tour a été élevée par les premiers auteurs de la grande nation, comme pour attester au monde et à leurs derniers descendans la prise de possession par la race Franke de l'ancien Loch Dunn des Celtes.

C'est la colonne des siècles passés comme la colonne d'airain est la colonne des siècles futurs. C'est le dernier monument de l'existence ou de la nationalité distincte, sur le point de s'effacer entièrement, de ces hommes à la longue chevelure, qui vous ont créé une patrie après avoir conquis le sol que vous habitez.

Ah! respectez ce monument national qui ne nous appartient pas seulement, mais qui appartient à la France entière, qui ne nous appartient plus, car il appartient à l'histoire et à toutes les générations françaises. Il est désormais le domaine inaliénable de la postérité, et elle le revendique; prête à maudire la mémoire de ceux qui l'en auront frustré, de ces mauvais pères, dissipateurs du patrimoine de leurs enfans. Bientôt, je le répète, des historiens viendront, qui vous demanderont compte, au nom de la patrie, du dépôt sacré qui vous était confié.

Cette tour a vu s'opérer à ses pieds la fusion intime de la race franke et de la race gauloise. A ses pieds, elle a vu s'écouler les trente générations de la nouvelle race gallo-française; elle est le témoin toujours vivant qui a assisté à la naissance de notre nation, à celle de notre langue, et à ces champs de mai si antiques (1) qui renaissent aujourd'hui sous d'autres formes et avec les perfectionnemens d'une civilisation progressive.

Quelle choquante incohérence, quelle bizarre contradiction dans vos idées et dans vos actes, le nom de cette place qui ne pourrait s'oublier, ne rappellerait-il pas toujours!

Elle a vu, cette Tour, et ce sont des Français qui proclament la souveraineté nationale, qui veulent la renverser, elle a vu ses murs teints du sang des soldats du dernier Carlovingien, de ces derniers Austrasiens descendus eux-mêmes au tombeau des nations; et elle est là

---

(1) Nec regibus infinita aut libera potestas......., de minoribus rebus principes consultant, de majoribus omnes............ *Tacite, description de la Germanie.*

depuis tantôt mille ans, comme pour attester au monde et à la postérité la plus reculée, l'impuissance éternelle de la légitimité monarchique contre la volonté nationale (1). Abattrez-vous ce témoin toujours debout, toujours vivant, d'une de vos plus grandes époques historiques, vous qui ne souffrez qu'à peine de légères réparations aux édifices frappés par la mitraille de juillet, dans la crainte d'en voir effacer quelques traces et le souvenir ?

Ignorez-vous que le 2 avril 991, est le 29 juillet de la race carlovingienne, et que les souvenirs du Bourg s'unissent à ceux du Louvre et de l'Hôtel-de-Ville? Pour être d'accord avec vous-mêmes, il faut que vous arrachiez trois pages au livre de votre histoire moderne.

Elle retentit aussi des chants de gloire et de triomphe de ceux qui la bâtirent, cette Tour antique qu'ont vue vos aïeux et que vous ne voulez plus voir, cette Tour de vos pères que vous avez résolu d'oublier!

Ces pierres, dont vous vous efforcez de briser le solide assemblage et le ciment millénaire, furent frappées par les accens de vos aïeux, chantant encore les bardits (2)

---

(1) Le dernier Carlovingien et le dernier Capétien de la branche aînée portaient ce même nom et furent tous deux exclus par la même cause, la volonté nationale. Tous deux ils furent prisonniers de leurs adversaires, et tous deux conservèrent la vie. Cela rappelle d'autres rapprochemens historiques non moins étonnans. Le premier et le dernier empereur romain portaient le même nom (Auguste). Le premier et le dernier empereur d'Orient portaient aussi le même nom (Constantin) Enfin, le premier et le dernier Stuard qui régnèrent sur l'Angleterre portaient aussi le même nom (Jacques). N'est-ce qu'à l'aveugle hasard que sont dûs de tels rapprochemens?

(2) Charlemagne avait fait recueillir et mettre par écrit ce que la tradition avait conservé des anciens cantiques et des bardits des nations germaniques.

des tribus sicambres et saliques, et les immortelles victoires (1) remportées par les armes des Franks; les Saxons, les Vandales (du nord), et les Huns féroces domptés, les Lombards subjugués, les Sarrazins et l'empire des Califes humiliés; chantant la grandeur du premier empereur français, qui étendit son sceptre dominateur des bords de la Vistule et du Rhin aux sources du Tage, sur les Pyrénées et les Alpes, sur les rivages glacés de la Baltique et sous le beau ciel de l'Italie (2).

Tels, aujourd'hui, de retour sous le chaume, les vétérans de notre jeune gloire s'entretiennent de Jemmape, d'Arcole et d'Austerlitz, et racontent à leurs enfans les campagnes et l'empire du grand capitaine gravés sur la merveilleuse colonne par le burin des arts.

Non, les siècles de l'antiquité française ne furent pas sans gloire; mais nous qui savons l'histoire des Grecs et des Romains, des Perses et des Babyloniens, nous n'avons garde de savoir la nôtre! et peut-être sommes-nous trop peu de chose pour nous occuper de notre histoire, nous, dont la gloire nouvelle est entée sur tant de gloire ancienne; nous, descendans de ces Gaulois qui conquirent toute l'ancienne Europe, et renversèrent Rome dans la vigueur de sa jeunesse; nous, issus des Franks, ces fiers dominateurs de tous les autres peuples qui détruisirent l'empire romain; de ces Franks qui, après avoir délivré

(1) les victoires de Châlons, de Vouillé, de Tours, de Paderborn et cent autres qu'il serait trop long de nommer, seront toujours de grandes victoires dont les siècles n'ont pas encore effacé la gloire.

(2) Sous Charlemagne et ses premiers successeurs, le Frankreich ou l'empire Franc, comprenait toutes les Gaules, toute la Germanie, la Pannonie, la Rhétie, presque toute l'Italie et l'Espagne jusqu'à l'Ebre.

les Gaules des apôtres armés de Mahomet, et avoir dompté la belliqueuse Germanie, renouvellèrent la face du monde européen, fondèrent tant d'états qui durent encore (1), et déposèrent partout le germe de ces institutions qui divisent aujourd'hui les peuples et les rois. Ah! sans doute, nous sommes trop peu de chose, nous, fils de ces Franks, à qui la barbare Transrhénane, maintenant si avancée dans les sciences et les arts de la civilisation, dut ses premiers défrichemens, ses premières villes, sa première police et l'orgueil de toutes ses maisons souveraines dont les rameaux étendus ombragent aujourd'hui l'Europe entière! Mais daignons-nous, héritiers des plus beaux siècles de l'esprit humain, enfans

---

(1) Qui retrouvera le pinceau de Tite-Live ou de Tacite pour écrire l'histoire de ce huitième siècle, si fécond en grands évènemens, de ce huitième siècle qui vit tant de peuples barbares du continent européen paraître sur l'horison de l'existence politique et une nouvelle ère se préparer pour eux!

Le débordement de l'Asie et de l'Afrique sur l'Europe est enfin arrêté et maîtrisé par l'épée victorieuse des Franks. L'Islamisme est abaissé et les Sarrazins rejetés au-delà de l'Èbre.

Les Gaules forment un vaste tout monarchique sous un prince digne du nom de *Grand* que ses contemporains, la postérité et les lettres lui ont décerné.

L'Italie est soumise à la domination franke et le titre d'empire d'occident qui subsistait naguère encore, relevé dans Rome par Charlemagne.

La belliqueuse Germanie est domptée et ses peuples errans, fixés et condamnés désormais à la vie sédentaire. Les diverses parties de cette vaste région reçoivent une première forme et une première police de leurs gouverneurs franks devenus plus tard les souches de toutes ces maisons souveraines qui régnent encore aujourd'hui sur l'Allemagne et sur toute l'Europe.

Les esclavons et cent peuples barbares de la Sarmatie sont refoulés dans leurs déserts encore incultes; Les Huns, Ugres et Magiares sont re-

gâtés de tant de gloires diverses, accorder maintenant quelqu'attention aux premières semences laborieusement répandues sur les champs de victoire par nos aïeux, ces Triptolèmes guerriers de la civilisation universelle de l'Europe moderne ?

Français, il n'a manqué qu'un Tite-Live à l'histoire de la grande nation, dont l'éternelle destinée semble être de donner des lois au monde, et qui en a comme prescrit le droit.

Laonnois, soyez fiers de cette Tour antique que mille cités françaises vous envient, et dont vous êtes les gardiens nés et responsables envers la nation entière ; soyez

---

poussés vers le bas Danube, et le marquisat d'Autriche (1) est fondé dans l'ancienne Pannonie pour servir contre eux de boulevard à l'empire frank ; ce marquisat d'Autriche qui devait être le berceau d'une puissante monarchie à qui des siècles de prospérité et de grandeur ont fait depuis long-temps oublier sa modeste origine !

Nul peuple ne fonda plus d'états que les anciens Français (je ne parle pas de ces états sans importance ou d'une durée éphémère, et pour ainsi dire de circonstance et qui ne sont d'aucun poids dans la balance politique). Dans le 11.ᵉ siècle, des aventuriers français fondent encore le royaume des Deux-Siciles. Un peu plus tard, Henri de Bourgogne, après avoir enlevé Lisbonne aux Maures, est salué Roi de Portugal par son armée ; et passerai-je sous silence la conquête de l'Angleterre, de la fière Angleterre qui, dans ce même 11ᵉ siècle courbe la tête sous la domination française, dont sa langue et ses loix ont conservé l'empreinte, et à qui elle doit l'origine de sa puissante aristocratie et de cette constitution fameuse, le premier modèle de toutes les autres !

(1) Note de la note. — Le mot marquisat vient d'un mot tudesque qui signifie commandement de la frontière ; Autriche du radical *ost*, orient : marquisat d'Autriche signifie donc littéralement, commandement de la frontière orientale.

fiers de ce reste du vieux Burg (1), l'*arx sacra*, le *turres albanæ* de la France, ce capitole des derniers Franks (2) qui, après la décadence du grand empire, conserva, pendant un siècle, l'étincelle sacrée de la nationalité française (3).

(1) Burg (prononcez Bourk) signifie *arx*, *castellum*, lieu fortifié, château.
Le Bourg devint après la décadence de l'empire Franck, dans les 9.ᵉ et 10.ᵉ siècles, la résidence ordinaire des rois. Le nom de la rue Châtelaine, *via Castellana*, se rapporte à cette époque de notre histoire et à cette destination du Bourg.

(2) La nationalité distincte du peuple conquérant ne s'éteignit entièrement que sous les derniers princes de la dynastie Carlovingienne. Charlemagne, au rapport d'un historien de ce temps, fit un jour de vifs reproches à une troupe de Franks qu'il rencontra, parce qu'ils étaient habillés et portaient les cheveux à la gauloise (*more gallico*); ce qui prouve que sous son règne, les deux races franke et gauloise n'étaient pas encore confondues.

Nos lecteurs auront peut-être remarqué que je me borne à rapporter les faits dégagés de toutes citations de texte et de noms d'auteurs. Je les prierai d'observer qu'il ne s'agit pas ici de faire étalage d'une vaine érudition, mais de produire des faits bien positifs, incontestables et concluans; c'est ce que j'ai fait. Je les prierai d'observer encore, s'ils veulent bien me pardonner de les occuper un instant de moi-même, que je n'ai plus dans le fond de mon hameau une immense bibliothèque à ma disposition, et que le temps me manquait pour aller faire des recherches ailleurs. Puis les noms d'auteurs et les citations minutieuses de texte sont chose peu importante à notre affaire. Qu'on me permette d'ajouter que, depuis longues années, l'exercice d'une profession pénible, l'étude et les veilles qu'elle exige, m'ont forcé de rompre entièrement avec les goûts de ma première jeunesse, et m'ont réduit à vivre sur le fonds de mes vieilles acquisitions littéraires.

(3) Sans ce dernier asile de la royauté, dans lequel reposa avec elle pendant un siècle tout l'avenir de la France, c'en était fait sans doute pour long-temps de notre existence politique, et la France parquée, divisée en mille petites tyrannies, offrirait peut-être encore aujourd'hui, comme l'Italie, une grande nation sans patrie.

Il est là, pour attester éternellement au monde l'antique existence et les gloires passées de la France.

Il est là, pour vous présenter menaçante, au jour des combats, la mémoire de vos aïeux.

Il est là, pour vous sommer, au jour des dangers de la patrie, de tenir parole à votre origine, à votre nom, et de rester toujours fidèles à ce riche patrimoine de gloire et d'indépendance nationale, dont vous avez hérité, et qu'attendent vos arrières-neveux.

Chers concitoyens, les nations, inquiètes de leur avenir et soigneuses d'éviter toutes les causes de décadence, conservent avec respect les monumens empreints de souvenirs historiques. Ces monumens servent de perpétuel enseignement national (1), et deviennent ainsi une des barrières de la civilisation contre la barbarie, et de l'indépendance de la patrie contre le joug de l'étranger. Malheur à ceux qui les profanent, malheur aux nations qui les laissent profaner!

Par amour pour cette patrie que vous chérissez tous comme moi, laissez debout, je vous en conjure, ce faible vestige, cette dernière ruine de l'antiquité française, ce dernier tombeau de la langue et de la mémoire de nos ancêtres. C'est un concitoyen passionné pour tout ce qui vous intéresse, pour votre honneur, pour votre considération aux yeux de vos compatriotes et du monde entier, qui vous fait entendre sa voix amie, qui vous fait

---

(1) Dans nos établissemens d'instruction publique où nous nous occupons de tout, excepté de nous-mêmes, ne pourrions-nous pas avoir des cours d'histoire nationale monumentale? Ne serait-ce pas pour le plus grand nombre le meilleur moyen d'apprendre et de ne pas oublier l'histoire de leur pays?

cette prière, qui vous supplie, au nom de vos propres sentimens, de ne pas y rester sourds. C'est un vrai Français, jaloux de toutes les gloires anciennes et nouvelles de son pays, qui vous conjure, par la cendre de nos pères, de ne pas déchirer un des vieux titres de noblesse de la grande famille française, de ne pas arracher une page vivante au livre de notre histoire nationale, de ne pas briser un des fleurons de la couronne historique de la France (1).

(1) Les travaux étaient commencés quand le projet de détruire la Tour du Bourg m'a été connu; quoique déjà cet édifice soit un peu dégradé, la conservation de ce qui en reste serait cependant une juste réparation envers la France.

www.ingramcontent.com/pod-product-compliance
Lightning Source LLC
Chambersburg PA
CBHW062004070426
42451CB00012BA/2636